MEUBLES D'ART

CATALOGUE D'UNE COLLECTION

DE TRÈS BEAUX

MEUBLES D'ART

DE DIFFÉRENTS STYLES

EN NOYER SCULPTÉ ET CIRÉ ET D'UN TRÈS GRAND FINI D'EXÉCUTION

Ayant figuré en partie à l'Exposition de 1878

ET DONT LA VENTE AURA LIEU

PAR SUITE DE RÉALISATION DE GAGE ET EN VERTU D'UNE ORDONNANCE

HOTEL DROUOT, SALLE N° 5

Le Mardi 14 Juin 1881

A TROIS HEURES PRÉCISES.

<table>
<tr><td>M° Paul GÉRARD</td><td>M. Henri DEVYNCK</td></tr>
<tr><td>COMMISSAIRE-PRISEUR</td><td>ARCHITECTE - DÉCORATEUR, EXPERT</td></tr>
<tr><td>rue Labruyère, 3 bis.</td><td>rue Saint-Lazare, 5o.</td></tr>
</table>

Chez lesquels se trouve le Catalogue.

EXPOSITION PUBLIQUE, LE LUNDI 13 JUIN 1881

DE UNE HEURE A CINQ HEURES.

CONDITIONS DE LA VENTE

Au comptant et 10 o/o en sus du prix d'adjudication.

L'Exposition mettant à même de se rendre compte de l'état des marbres, aucune réclamation ne sera admise une fois l'adjudication prononcée.

Paris. — Imp. PILLET et DUMOULIN, 5, rue des Grands-Augustins.

DÉSIGNATION

STYLE FRANÇOIS Ier

I — *Une Crédence de 1 m. 45 cent. de hauteur sur 1 m. 10 cent. de largeur.*

Les bâtis montants sont décorés de colonnes ornées, appliquées et posées en pénétration dans les moulures; les panneaux des côtés à motifs d'ornements; les faces des deux tiroirs sont décorées de motifs d'ornements, cornes d'abondance, rinceaux, vases de fleurs et feuillages. Les panneaux des portes sont décorés de motifs d'enfants ailés se jouant au milieu d'ornements composés de cornes d'abondance, de rinceaux, de feuillages et d'oiseaux et têtes symboliques.

Ce petit meuble, d'un fini remarquable, est inspiré de la fin du règne de François Ier. (Époque de la Cosse de pois.)

2 — *Un Dressoir de 1 m. 48 cent. de hauteur sur 1 m. 10 cent. de largeur.*

Les bâtis montants de face sont formés par des colonnes posées en pénétration dans les moulures, lesdites colonnes cannelées, garnies de bagues et d'ornements sculptés et terminés par des chapiteaux corinthiens.

Les panneaux formant le fond, ornés de parchemins enroulés. Les faces des trois tiroirs et les frises sont ornées de motifs d'ornements à feuillages, fruits, cornes d'abondance et rinceaux.

La partie inférieure des deux colonnettes milieu et le milieu de l'archivolte, sont ornés de motifs sculptés en forme de culs-de-lampe.

3 — *Une grande Fontaine-applique de 3 m. 40 cent. de hauteur, sur 1 m. 80 cent. de largeur.*

Cette pièce monumentale repose sur un socle en noyer ciré et est construite en noyer rehaussé d'or.

Le soubassement se compose de deux fûts de colonnes à panneaux ornés et d'une grande frise décorée de figures, terminées en rinceaux, de cornes d'abondance et d'un écusson placé au centre d'une couronne, formant motif milieu.

Au-dessus de chaque fût, une forte et massive

colonne, ornée de draperies et de feuilles d'acanthe, avec bagues sculptées.

Au-dessus de chaque colonne, une forte console formée de feuilles d'acanthe et d'enroulements de feuillages. Ces consoles supportent le
plafond à caisson, garni au pourtour d'une corniche à moulures et petites consoles cannelées.

Au-dessous de la corniche pend un riche lam-
brequin de velours grenat, avec appliques et bro-
deries d'or et d'argent.

Le tout est couronné d'un fronton à consoles
ornées et sculptées à jour, avec panneau sculpté
dans le genre de celui du soubassement.

Le grand panneau formant le fond entre les
colonnes est garni d'émaux sur verre au feu, en
relief sur fond d'or, lesdits émaux enchâssés en
plomb doré.

La fontaine, suspendue au plafond par une
chaîne, est en cuivre repoussé à riches dessins et
dorée avec bassin analogue, supporté par une
console en bronze, orné à volutes.

(Pièce d'une grande importance et très soignée
d'exécution).

STYLE HENRI II

4 — *Une Crédence de 1 m. 47 cent. de hauteur sur 1 m. de largeur.*

Ce meuble, en forme de trèfle, se compose de quatre colonnes supportant la partie supérieure.

Ces colonnes sont formées par des cariatides terminées en forme de gaînes ornées et reposant sur des petits fûts également ornés.

Le bandeau au-dessus des cariatides est orné de motifs à palmes et rinceaux.

Les panneaux de la partie supérieure, placés entre pilastres cannelés, sont décorés de nielles très fines.

La frise au-dessus ornée d'un cours de grecques surmontées d'oves; enfin le tout est couronné d'une corniche à denticules et raies de cœur.

(Ce meuble est inspiré d'un des rares spécimens purs existant aujourd'hui).

5 — *Une Crédence semblable à celle qui précède.*

STYLE CHARLES IX

6 — *Une Cheminée monumentale de 2 m.*
85 cent. de hauteur sur 1 m.
35 cent. de largeur.

La partie basse se compose de deux pilastres cannelés surmontés de consoles à enroulements et volutes décorées de feuilles d'acanthes. Le bandeau entre les consoles est décoré d'ornements à rinceaux, palmes et feuillages.

Au-dessus des pilastres, deux colonnes détachées, cannelées et ornées, surmontées de chapiteaux.

Au-dessus, frise courante sculptée, analogue au bandeau, terminée par une corniche sculptée et surmontée d'un fronton de couronnement.

Entre les colonnes, un grand panneau de fond, dont la partie centrale, de forme ovale, est ornée d'un sujet mythologique à deux figures, exécuté en bas-relief.

Les quatre angles autour du médaillon sont ornés de nielles.

STYLE HENRI III

7 — Un Dressoir de 1 m. 65 cent. de hauteur sur 1 m. 20 cent. de largeur.

La partie basse formée de pilastres moulurés avec bandeau au-dessus fermant la face des trois tiroirs, orné de motifs sculptés (vases et fruits, et rinceaux de feuillages).

Les pilastres sont surmontés de cariatides variées, finies en gaines, avec ornements formés de panoplies d'armes.

Les cariatides ornées de draperies et surmontées d'un casque à panache.

La partie supérieure terminée par une corniche ornée.

8 — Un Dressoir analogue au précédent.

9 — Un Dressoir de 1 m. 50 cent. de hauteur sur 1 m. 3 cent. de largeur.

La partie basse composée de deux élégants balustres cannelés, ornés de gaudrons et palmettes ; le haut des balustres décoré d'ornements, bas-reliefs en rinceaux.

La face du tiroir entre les balustres est ornée d'un mascaron, avec rubans et chutes de fruits.

La partie haute du meuble est portée par quatre cariatides drapées, terminées en gaîne et est garnie d'une frise ornementée avec corniche moulurée.

(Petit meuble très élégant et très soigné d'exécution).

10 — *Une Table de 1 m. 20 cent. de longueur sur 75 cent. de largeur.*

Les quatre pieds, en forme de balustres, sont ornés de gaudrons et portés sur des traverses ornées, à extrémités contournées en console. Reliant ces deux traverses, une autre traverse, également ornée, supportant trois petits balustres.

A la partie supérieure des pieds, une traverse, avec consoles sculptées aux extrémités, et décorée d'une figure allégorique couchée.

La ceinture de la table, ainsi que le bord de la tablette, sont décorés de moulures et de motifs d'ornements à palmettes et rinceaux.

Aux angles de la ceinture et entre les pieds, motifs sculptés en culs de lampe.

11 — *Une Table de 1 m. 30 cent. de hauteur sur 80 cent. de largeur.*

Cette table est analogue à la précédente, mais avec colonnettes appliquées et sans motifs de figures.

STYLE LOUIS XIII

12 — *Un Lit à baldaquin de 2 m. 40 cent de longueur sur 1 m. 50 cent. de largeur et 2 m. 65 de hauteur.*

Lit de milieu composé de quatre colonnes, ceinture basse, corniche et tétière. Les deux colonnes du devant sont richement ornées de bagueset de moulures, avec mascarons, godrons, ornements en feuilles d'acanthes et enroulements de feuilles de lierre ; elles sont terminées par des chapiteaux d'ordre composite.

Les deux colonnes de la tétière sont carrées et ornées de chutes de fruits et feuillages attachées par des rubans avec consoles au-dessus.

Ces colonnes sont terminées à la partie supérieure par des cariatides en pied de 0 m. 95 de haut. La tétière à panneaux moulurés est surmontée d'un fronton richement orné avec motifs de figures couchées. La ceinture basse ornée de godrons et motifs d'ornements.

La corniche ornée de consoles cannelées et de mascarons reliés par des guirlandes de fruits et de feuillages.

Pièce très importante et d'un fini remarquable).

13 — *Un Lit à baldaquin.*

Analogue au précédent; mais, dans ce meuble, les cariatides sont terminées en gaine et ornées à la partie inférieure de panoplies d'armures en bas-relief.

14 — *Un Meuble à deux corps de 2 m. 50 cent. de hauteur sur 1 m. 45 cent. de largeur.*

Le premier corps est décoré de trois colonnes cannelées reposant sur un socle mouluré massif. Au-dessus des colonnes sont des consoles sculptées supportant l'avancée de la tablette.

Entre colonnes, les panneaux sont décorés de figures mythologiques, Mercure et Vénus consolant l'Amour, et de plaques de marbre vert antique.

Les faces des tiroirs décorées de motifs d'ornements à volutes et feuillages d'acanthes.

Le deuxième corps est décoré de quatre colonnes posées deux à deux, avec entre-deux formés de motifs d'ornements à chutes de feuillages et fruits et panoplies d'armes.

Les panneaux des portes décorés de sujets mythologiques, Diane et Orphée; et d'appliques de marbre vert antique, avec ornements et draperies sculptés en bas-relief. Au-dessous, les deux panneaux fermant les tiroirs sont décorés l'un d'un faune et l'autre d'une faunesse, tous deux couchés.

Le bandeau au-dessus est orné de deux panoplies d'armures, de figures nues couchées et d'appliques en marbre vert antique et surmonté d'une corniche avec fronton mouluré et motif milieu sculpté.

(Joli meuble, très décoratif et très soigné d'exécution ; tout y est fini avec le plus grand soin).

STYLE LOUIS XIV

15 — *Une Table de 1 m. 15 cent. de longueur sur 72 cent. de largeur.*

Les quatre pieds, entièrement sculptés de feuilles d'acanthes et d'entrelacs de feuillages, sont terminés à la partie supérieure en forme de consoles et supportent le bandeau qui est simplement mouluré. Le dessus de cette table est formé par un magnifique panneau de brèche de Sicile enchâssé dans un cadre en marbre Portor de 0 m. 055 d'épaisseur moulure au pourtour.

(Pièce très rare).

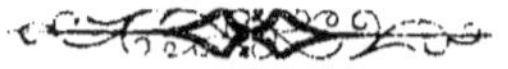